씽크톡톡
Think TokTok

기초에서 활용까지 한 번에 배우는

THiNK TokTok

윈도우 10 & 인터넷 기초

씽크톡톡 윈도우 10 & 인터넷 기초

초판 2쇄 발행_2021년 3월 15일

지은이 웰북교재연구회 **발행인** 임종훈 **편집인** 강성재

표지·편집디자인 인투 **출력·인쇄** 정우 P&P

주소 서울시 마포구 방울내로 11길 37 프리마빌딩 3층

주문/문의전화 02-6378-0010 **팩스** 02-6378-0011

홈페이지 http://www.wellbook.net

발행처 도서출판 웰북

ⓒ 도서출판 웰북 2021

ISBN 979-11-86296-53-0 13000

꼭 기억하세요!

상담을 원하시거나 컴퓨터 수업에 출석할 수 없는 경우 아래 연락처로 미리 연락주시기 바랍니다.

_____

_____

타수체크

초급단계

월 일	월 일	월 일	월 일	월 일	월 일
월 일	월 일	월 일	월 일	월 일	월 일
월 일	월 일	월 일	월 일	월 일	월 일
월 일	월 일	월 일	월 일	월 일	월 일
월 일	월 일	월 일	월 일	월 일	월 일

중급단계

월 일	월 일	월 일	월 일	월 일	월 일
월 일	월 일	월 일	월 일	월 일	월 일
월 일	월 일	월 일	월 일	월 일	월 일
월 일	월 일	월 일	월 일	월 일	월 일
월 일	월 일	월 일	월 일	월 일	월 일

고급단계

월 일	월 일	월 일	월 일	월 일	월 일
월 일	월 일	월 일	월 일	월 일	월 일
월 일	월 일	월 일	월 일	월 일	월 일
월 일	월 일	월 일	월 일	월 일	월 일
월 일	월 일	월 일	월 일	월 일	월 일

이 책의 목차

01강 처음 만나는 컴퓨터

이렇게 배워요!

● 컴퓨터 장치의 이름과 하는 일을 알아보아요.
● 컴퓨터를 켜고 끄는 방법을 알아보아요.

 01 컴퓨터 장치에 대해 알아보아요.

컴퓨터를 구성하는 대표적인 장치에는 본체, 모니터, 키보드, 마우스 등이 있어요. 각 장치들이 하는 일에 대해 알아보아요.

수십 개의 키로 구성되어 있으며, 컴퓨터에 한글이나 영어, 숫자 등을 입력할 수 있어요.

클릭, 더블 클릭, 드래그 등을 이용하여 명령을 내릴 수 있어요.

컴퓨터가 잘 동작하도록 하는 중요한 장치들이 담겨 있어요.

키보드

본체

마우스

본체가 처리한 일들을 우리가 눈으로 볼 수 있도록 표시해요.

여러 가지 소리를 들려줘요. 영화를 보거나 음악을 들을 때 꼭 필요해요.

모니터

스피커

02 컴퓨터 주변 장치에 대해 알아보아요.

컴퓨터를 사용할 때 도움을 주는 장치를 주변 장치라고 해요. 주변 장치들의 종류와 어떤 일을 하는지 살펴보아요.

모니터에 표시되는 내용을 종이에 인쇄할 수 있어요.

사진이나 그림을 컴퓨터에 파일로 저장할 수 있어요.

프린터

스캐너

모니터로 다른 사람의 모습을 보면서 대화할 수 있어요.

목소리를 컴퓨터에 녹음할 수 있어요.

화상카메라

마이크

03 컴퓨터를 켜고 끄는 방법을 알아보아요.

우리가 텔레비전을 보려면 전원을 켜는 것처럼 컴퓨터도 전원을 켜야 사용할 수 있어요.
컴퓨터를 올바르게 켜고 끄는 방법을 알아보아요.

컴퓨터를 켜는 방법

❶ 먼저 모니터의 전원 단추를 눌러 불이 들어오게 합니다.

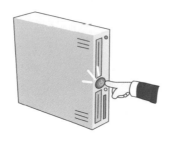

❷ 본체의 전원 단추를 찾아 누릅니다.

❸ 윈도우 시작 화면이 표시될 때 까지 기다립니다.

컴퓨터를 끄는 방법

컴퓨터를 끌 때는 켤 때와 같이 전원 단추를 누르면 안돼요. 아래와 같이 마우스로 순서대로 클릭해야 해요.

순서

❶ [시작(⊞)] 단추 클릭
❷ [전원(⏻)] 단추 클릭
❸ [시스템 종료] 클릭
❹ 컴퓨터 종료
❺ 모니터 전원 끄기

04 절전 모드를 알아보아요.

컴퓨터를 오랫동안 사용하지 않을 때 컴퓨터를 쉴 수 있게 하는 절전을 알아보아요.
절전 모드 상태에서는 현재 작업 중인 내용이 사라지지 않아요.

❶ [시작(⊞)] 단추를 클릭한 후 [전원(⏻)] 단추를 클릭해요.

❷ 표시되는 메뉴의 [절전]을 클릭해요. 모니터에 표시된 내용이 검은색 화면으로 바뀌고 컴퓨터가 절전상태가 돼요.

❸ 다시 컴퓨터를 사용하려면 마우스를 움직이거나 키보드를 누르면 원래 화면이 표시돼요.

05 다시 시작을 알아보아요.

다시 시작을 이용하면 컴퓨터를 자동으로 껐다가 다시 켤 수 있어요. 새로 설치한 앱의 기능을 사용해야 할 때 다시 시작을 이용해요.

❶ 다시 시작을 하기 전에 화면의 앱들을 종료하거나 파일을 저장해요.

❷ [시작(⊞)] 단추를 클릭한 후 [전원(⏻)] 단추를 클릭해 표시되는 메뉴의 [다시 시작]을 클릭해요.

❸ 윈도우가 종료되고 컴퓨터가 꺼진 후에 다시 부팅이 시작돼요.

01 컴퓨터 장치의 이름과 하는 일을 적어보세요.

이　　름

하는 일

이　　름

하는 일

이　　름

하는 일

이　　름

하는 일

02 컴퓨터를 사용하고 난 후에는 어떻게 정리해야 하는지 알아보아요.

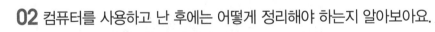

02강 올바른 마우스 사용법

이렇게 배워요!

● 마우스의 기능에 대해 알아보아요.
● 앱으로 마우스 사용법을 배워보아요.

01 마우스를 알아보아요.

윈도우를 사용할 때 마우스는 중요한 역할을 해요. 마우스의 기능에 대해 알아보아요.

1 마우스를 움직이면 화면에 화살표 모양이 함께 움직여요. 이 화살표 모양을 '마우스 포인터(⬚)'라고 불러요.

2 마우스는 왼쪽 버튼과 오른쪽 버튼, 그리고 가운데의 휠 버튼이 있어요. 그림과 같이 마우스를 바르게 잡고 움직여 보세요.

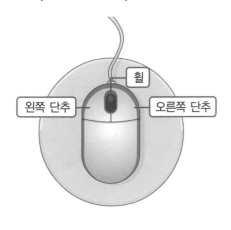

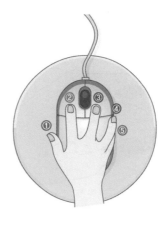

02 마우스 동작을 알아보아요.

마우스를 이용하여 클릭, 더블 클릭, 드래그 등의 동작을 할 수 있어요. 어떻게 해야 하는지 알아보아요.

클릭

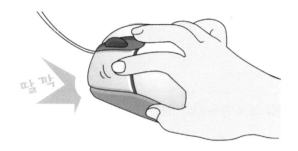

마우스 왼쪽 버튼을 한 번 눌렀다 떼는 것을 '클릭'이라고 해요.

더블 클릭

마우스 왼쪽 버튼을 빠르게 두 번 눌렀다 떼는 것을 '더블 클릭'이라고 해요.

드래그

마우스 왼쪽 버튼을 누른 상태에서 마우스를 움직이는 것을 '드래그'라고 해요.

휠

마우스 왼쪽 버튼과 오른쪽 버튼 사이에 있는 것으로 화면을 위와 아래로 이동시킬 때 사용해요.

03 마우스 클릭을 연습해요.

재미있는 게임 앱을 이용하여 마우스 클릭을 연습해 보아요. SWF 파일은 'Internet Explorer' 앱에서 열 수 있어요.

📁 [예제파일] 같은그림찾기.swf, 두더지잡기.exe

❶ '같은그림찾기' 앱을 실행하고 화면의 왼쪽과 같은 모양을 오른쪽에서 찾아 마우스 왼쪽 버튼을 클릭해요.

❷ '두더지잡기' 앱을 실행하고 땅 속에서 나타나는 두더지를 마우스 왼쪽 버튼을 눌러 잡아요. 계속 나타나는 두더지를 잡으려면 마우스를 빠르게 이동해야 해요.

04 마우스 드래그를 연습해요.

재미있는 게임 앱을 이용하여 마우스 클릭과 드래그를 연습해 보아요. SWF 파일은 'Internet Explorer' 앱에서 열 수 있어요.

📁 [예제파일] 풍선터트리기.exe, 까마귀점프.swf

① '풍선터트리기' 앱을 실행하고 마우스를 드래그하여 조준한 후 마우스 왼쪽 버튼을 눌러 풍선을 터트려요. 왼쪽 버튼을 꼭 누르고 있으면 더 멀리 화살을 던질 수 있어요.

② '까마귀점프' 앱을 실행하고 마우스를 드래그하여 까마귀를 움직여요. 마우스 왼쪽 버튼을 누르면 멀리 점프할 수 있어요.

01 다음 빈 칸에 들어갈 내용을 적어 보세요.

(   )는 모양이 꼬리가 긴 쥐와 비슷하다고 해서 붙여진 이름이에요. (   )는 손 안에 쏙 들어오는 둥글고 작은 모양으로 단추를 누를 때 마다 딸깍거리는 소리가 나요.

02 다음 그림에 맞는 설명을 바르게 연결해 보세요.

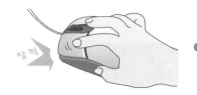

●

●

왼쪽 단추를 누른 상태에서 마우스를 움직이는 것을 말해요.

●

●

왼쪽 단추를 한 번 눌렀다 떼는 것을 말해요.

●

●

왼쪽 단추와 오른쪽 단추 사이에 있는 것으로 화면을 위와 아래로 이동할 때 사용해요.

●

●

왼쪽 단추를 두 번 빠르게 눌렀다 떼는 것을 말해요

15

03강 바탕 화면 살펴보기

이렇게 배워요!

● 바탕 화면과 구성 요소에 대해 알아보아요.
● 바탕 화면을 바꾸는 방법에 대해 알아보아요.

 ## 01 바탕 화면의 구성 요소 살펴보기

컴퓨터를 켜면 가장 먼저 만나게 되는 것이 바탕 화면이에요. 바탕 화면을 구성하고 있는 요소들에 대해 알아보아요.

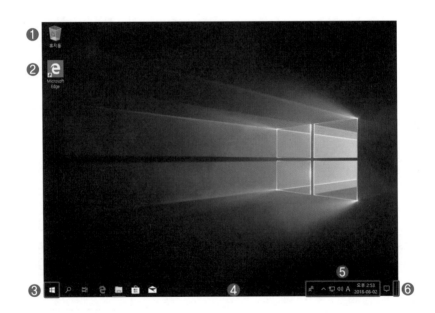

❶ **아이콘** : 파일이나 앱을 작은 그림으로 표시해요.

❷ **바로 가기 아이콘** : 왼쪽 아래에 작은 화살표가 있으며, 앱을 빠르게 실행할 수 있어요.

❸ **시작 단추** : 설치된 앱이나 윈도우의 기능을 선택할 수 있는 목록을 보여줘요.

❹ **작업 표시줄** : 열려있는 창이나 앱을 화면 아래에 단추로 표시해요.

❺ **알림 영역** : 현재 시간이나 컴퓨터의 작업 상태 등을 알려줘요.

❻ **바탕 화면 보기** : 열려있는 창이나 앱을 최소화시켜 바탕 화면만 보여줘요.

02 바탕 화면과 아이콘

바탕 화면에는 파일이나 앱을 실행할 수 있는 아이콘들이 있어요. 아이콘을 어떻게 사용하는지 알아보아요.

1 바탕 화면의 아이콘을 실행하기 위해 '휴지통' 아이콘을 더블 클릭해요.

2 그림과 같이 '휴지통'이 창으로 열리면 닫기 위해 오른쪽 위의 [닫기(×)] 단추를 클릭해요.

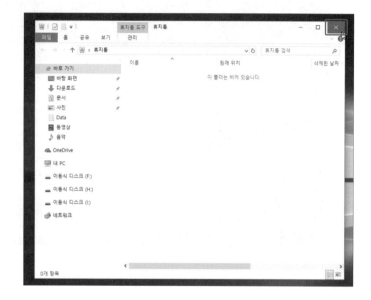

3 아이콘의 위치를 바꾸기 위해 '휴지통' 아이콘을 마우스로 클릭한 상태에서 드래그하여 원하는 위치로 이동해요.

4 다른 아이콘들도 마우스로 드래그하여 원하는 위치로 이동시켜 보세요.

⑤ 아이콘의 크기를 바꾸기 위해 바탕 화면 위에서 마우스 오른쪽 버튼을 클릭해요.

⑥ 메뉴가 표시되면 [보기]-[큰 아이콘]을 선택해요. 바탕 화면의 아이콘이 크게 바뀐 것을 확인할 수 있어요.

⑦ 다시 아이콘을 작게 만들기 위해 마우스 오른쪽 버튼을 클릭하고 [보기]-[보통 아이콘]을 선택해요.

⑧ 아이콘을 자동으로 정렬하기 위해 바탕 화면 위에서 마우스 오른쪽 버튼을 클릭하고 [보기]-[아이콘 자동 정렬]을 선택해요. 바탕 화면의 아이콘들이 자동으로 정렬된 것을 확인할 수 있어요.

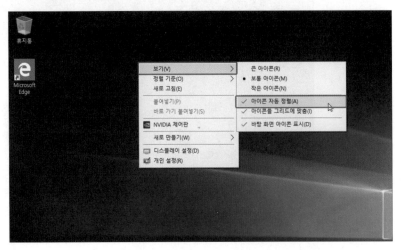

03 바탕 화면의 배경 바꾸기

바탕 화면의 배경을 다른 사진으로 바꿀 수 있어요. 시작 버튼을 눌렀을 때 표시되는 시작 메뉴의 색도 바꿔 보아요.

1 바탕 화면의 배경을 바꾸기 위해 바탕 화면 위에서 마우스 오른쪽 버튼을 클릭하고 [개인 설정( )]을 선택해요.

2 배경을 선택할 수 있는 대화 상자가 표시되면 [사용자 사진 선택]에서 배경으로 사용하려는 사진을 클릭하여 선택해요. 선택한 사진으로 바탕 화면이 바뀐 것을 확인할 수 있어요.

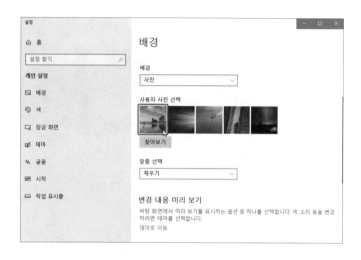

3 시작 메뉴의 색을 바꾸기 위해 열려 있는 대화 상자의 왼쪽 메뉴에서 [색]을 선택해요. 색을 선택할 수 있는 메뉴가 표시되면 [Windows 색상표]에서 원하는 색을 클릭하여 선택해요.

4 [시작( )] 단추를 클릭하면 표시되는 메뉴가 선택한 색으로 변경된 것을 확인할 수 있어요.

01 '배경이미지.jpg' 파일을 바탕 화면 배경으로 바꾸어 보세요.

📁 [예제파일] 배경이미지.jpg

02 시작 메뉴와 작업 표시줄, 알림 센터, 제목 표시줄이 '녹색'으로 표시되도록 바꾸어 보세요.

04강 화면 보호기 설정하기

이렇게 배워요!

● 화면 보호기를 설정하는 방법을 알아보아요.
● 3차원 텍스트를 이용하여 화면 보호기를 설정해요.

01 화면 보호기를 설정해요.

화면 보호기는 컴퓨터를 일정 시간 동안 사용하지 않을 때 모니터를 보호해요. 화면 보호기를 설정하는 방법을 알아보아요.

① 화면 보호기를 설정하기 위해 [시작(■)] 단추-[설정(⚙)]을 클릭해요.

② [설정] 대화 상자가 표시되면 [설정 찾기]에 '화면 보호기 변경'을 입력해요. 아래에 찾은 목록이 표시되면 마우스로 선택해요.

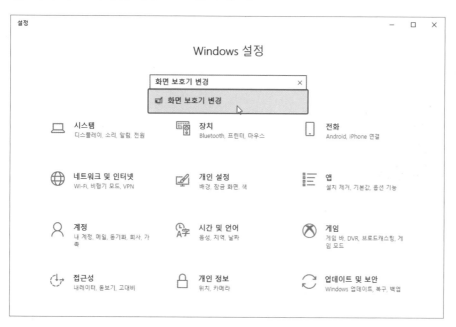

③ [화면 보호기 설정] 대화 상자가 표시되면 [화면 보호기]의 목록에서 '비눗방울'을 선택해요.

④ [미리 보기] 단추를 클릭하면 그림과 같이 선택한 화면 보호기를 실행해서 보여줘요.

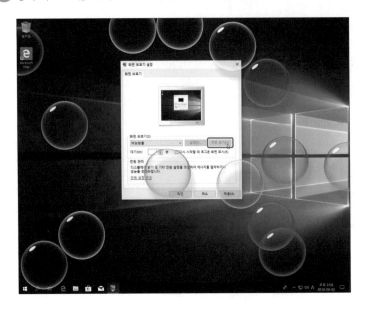

⑤ [대기]에 화면 보호기를 실행할 시간을 입력하고 [확인] 단추를 클릭하면 선택한 시간
이 지났을 때 자동으로 화면 보호기가 실행돼요.

⑥ 화면 보호기를 사용하지 않으려면 [화면 보호기]의 목록에서 '없음'을 선택해요.

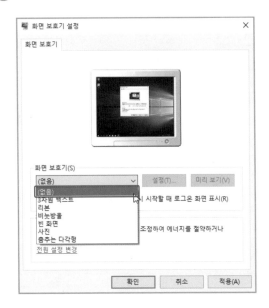

02 3차원 텍스트를 입력해요.

내가 원하는 텍스트를 입력해서 화면 보호기로 사용할 수 있어요. 3차원 텍스트 화면 보호기를 설정하는 방법을 알아보아요.

❶ [화면 보호기 설정] 대화 상자의 [화면 보호기] 목록에서 '3차원 텍스트'를 선택해요.

❷ 원하는 텍스트를 입력하기 위해 [설정] 단추를 클릭해요.

❸ [3차원 텍스트 설정] 대화 상자의 [텍스트]에서 '텍스트 지정'을 선택하고 빈 칸에 화면 보호기에 표시할 텍스트(즐거운 컴퓨터 세상^^)를 입력해요.

❹ 텍스트의 모양을 바꾸기 위해 [글꼴 선택] 단추를 클릭해요. [글꼴] 대화 상자가 표시되면 [글꼴]은 '궁서', [글꼴 스타일]은 '기울임꼴'을 선택하고 [확인] 단추를 클릭해요.

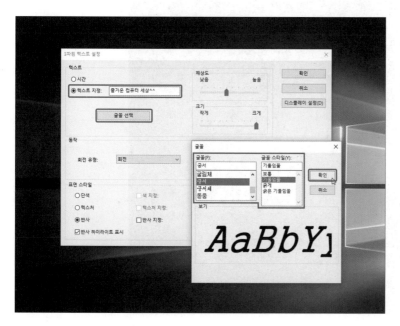

⑤ 표시되는 텍스트에 효과를 설정하기 위해 [3차원 텍스트 설정] 대화 상자의 [동작]에
서 [회전 유형]을 '임의'로 선택해요.

⑥ [표면 스타일]은 '반사'와 '반사 하이라이트 표시'를 선택하고 [확인] 단추를 클릭해요.

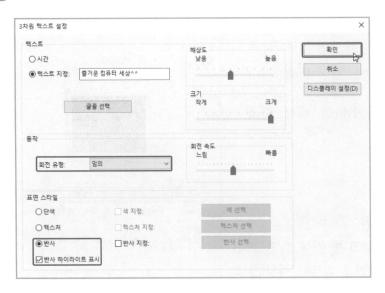

⑦ [화면 보호기] 대화 상자의 [미리 보기] 단추를 클릭하면 입력한 텍스트가 화면 보호기
로 표시되는 것을 확인할 수 있어요.

01 다음과 같은 화면 보호기를 설정해 보세요.

- 화면 보호기 : 리본 • 대기 : 2분

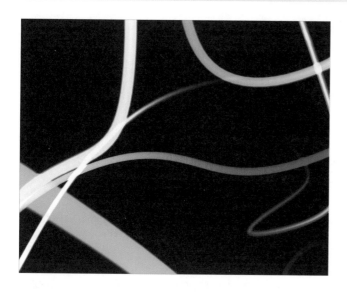

02 다음과 같은 화면 보호기를 설정해 보세요.

- 화면 보호기 : 3차원 텍스트
- 설정 : 텍스트 지정(친구야 반가워!), 글꼴(맑은 고딕, 굵은 기울임꼴), 회전 유형(시소)

05강 창 조절과 활용하기

이렇게 배워요!

● 아이콘과 창에 대해 알아보아요.
● 창을 마음대로 조절하는 방법을 알아보아요.

01 창을 조절해요.

윈도우는 아이콘을 클릭하거나 앱을 실행했을 때 창 모양으로 표시해요. 창을 조절하는 방법에 대해 알아보아요.

① 바탕 화면에 표시된 아이콘은 파일이나 앱을 작은 그림으로 표시한 것이에요. 아이콘을 더블 클릭하여 표시되는 모양을 '창(Window)'이라 해요.

② 바탕 화면의 '휴지통' 아이콘을 더블 클릭하여 실행하면 그림과 같이 창이 표시돼요.

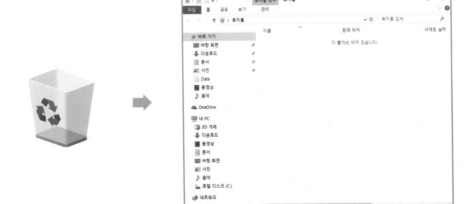

TIP **창 조절 단추 :** 열려있는 창의 제목 표시줄 오른쪽에 표시된 아이콘의 역할을 알아보아요.

• '최소화(─)' 단추 : 열려있는 창을 작업 표시줄로 숨겨요.

• '최대화(□)' 단추 : 창을 바탕 화면에 꽉 차게 만들어요.

• '이전 크기로 복원(❐)' 단추 : 창을 최대화되기 이전의 크기로 바꿔요.

• '닫기(✕)' 단추 : 열려있는 창을 닫아요.

❸ '휴지통' 창의 제목 표시줄 오른쪽에 있는 '최대화(□)' 단추를 클릭해요. 바탕 화면에 꽉 차게 창 크기가 바뀌어요.

❹ 다시 원래 창 크기로 바꾸기 위해 '이전 크기로 복원(❒)' 단추를 클릭해요.

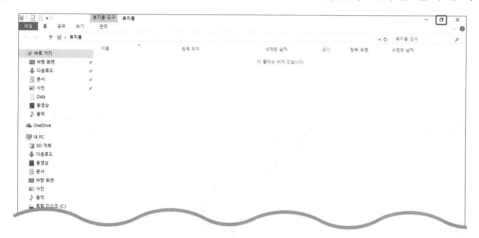

❺ '휴지통' 창의 제목 표시줄을 더블 클릭해요. 창이 바탕 화면에 꽉 차게 최대화되는 것을 확인할 수 있어요.

❻ 다시 '휴지통' 창의 제목 표시줄을 더블 클릭하면 원래 창 크기로 바뀌게 돼요.

❼ 제목 표시줄 오른쪽에 있는 '닫기(✕)' 단추를 클릭해서 '휴지통' 창을 닫아요.

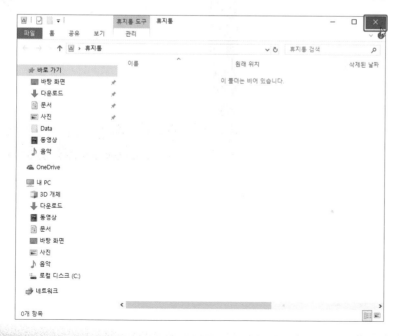

02 창 크기와 위치 바꾸기

마우스를 이용하여 열려있는 창의 크기와 위치를 바꾸는 방법을 알아보아요.

❶ 창의 테두리에 마우스를 가져가면 포인트의 모양이 바뀌는 것을 알 수 있어요.

❷ 창 크기를 조절할 수 있는 화살표가 표시되면 마우스로 드래그하여 창 크기를 바꿀 수 있어요.

❸ 창의 제목 표시줄을 마우스로 드래그하 면 원하는 위치로 이동할 수 있어요.

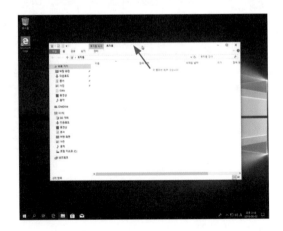

TIP 마우스로 창을 이동하거나 크기를 변경할 때 포인터 모양이 바뀌어요. 마우스 포인터의 모양과 기능을 알아보아요.

- 수직 크기 조절(↕) : 창의 세로 크기를 조절해요.
- 수평 크기 조절(↔) : 창의 가로 크기를 조절해요.
- 대각선 방향 크기 조절(⬉ , ⬈) : 창을 대각선 방향으로 크기를 조절해요.
- 이동(✥) : 창을 이동해요.

❶ 작업 표시줄의 '엣지', '탐색기', 바탕 화면의 '휴지통'을 더블 클릭하여 실행하고 창을 그림과 같이 크기를 바꾸고 정렬해요.

❷ '엣지' 창의 제목 표시줄을 클릭한 상태에서 마우스를 흔들어 보세요.

❸ '엣지'를 제외한 모든 창이 작업 표시줄로 숨겨진 것을 확인할 수 있어요. 창을 다시 표시하려면 작업 표시줄의 아이콘을 클릭해요.

01 '휴지통', '엣지', '탐색기', '스토어'를 실행하고 창을 그림과 같이 조절해 보세요.

02 Alt + Tab 키를 눌러 그림과 같이 표시하고, 열려있는 창을 선택해 보세요.

06강 시작 화면 활용하기

이렇게 배워요!

● 시작 화면을 이용하여 앱을 실행하는 방법을 알아보아요.
● 시작 화면을 설정하는 방법에 대해 알아보아요.

01 시작 화면에서 앱 실행하기

시작 화면에는 컴퓨터에 설치된 앱을 실행하거나 컴퓨터를 관리하는 메뉴들이 있어요.
시작 화면에 대해 알아보아요.

❶ [시작(⊞)] 단추를 클릭하면 [시작 화면]이 표시돼요. 각 구성 요소들을 살펴보아요.

❶ **[시작] 탭** : 계정 설정, 문서와 사진 폴더 이동, 설정, 전원 등의 메뉴를 실행할 수 있어요.
❷ **[모든 앱]** : 컴퓨터에 설치된 앱의 목록을 표시하고 실행할 수 있어요.
❸ **[시작 화면]** : 자주 사용하는 앱을 타일 모양으로 표시해요.

31

❷ 컴퓨터에 설치된 앱은 'A~Z', 'ㄱ~ㅎ' 순서로 정렬되어 있어요. [모든 앱] 옆의 스크롤 바를 이용하거나 마우스 휠 버튼을 움직여 [Windows 보조프로그램]–[그림판(🎨)]을 찾은 후 클릭해요.

❸ 그림과 같이 선택한 앱이 실행되면 마우스로 드래그하여 그림을 그려 보아요. 창을 닫 을 때에는 [닫기] 단추를 클릭해요.

❹ 내가 사용하는 컴퓨터에 설치된 다른 앱은 어떤 것이 있는지 살펴보세요.

02 시작 화면에 만들기

자주 사용하는 앱을 시작 화면에 타일로 만들면 쉽고 빠르게 사용할 수 있어요. 시작 화면을 만들고 편집해 보아요.

① '그림판'을 [시작 화면]에 고정시키기 위해 [시작(▦)] 단추를 클릭한 후 [모든 앱]–[Windows 보조프로그램]–[그림판(🎨)] 위에서 마우스 오른쪽 버튼을 클릭해요.

② 메뉴가 표시되면 [시작 화면에 고정]을 클릭해요.

③ [시작(▦)] 단추를 클릭하면 [시작 화면]에 '그림판' 타일이 만들어 진 것을 확인할 수 있어요. 마우스로 클릭하여 '그림판'이 실행되는지 확인해 보세요.

④ [시작 화면]의 '계산기' 타일 위에서 마우스 오른쪽 버튼을 클릭해요. 표시되는 메뉴에서 [크기 조정]-[크게]를 선택해요.

⑤ 선택한 '계산기' 타일의 크기가 확대돼요. 마우스로 드래그하면 타일의 위치를 바꿀 수 있어요. 다른 타일들도 크기와 위치를 바꿔 보세요.

⑥ 타일을 제거하기 위해 '그림판' 타일 위에서 마우스 오른쪽 버튼을 클릭하고 표시되는 메뉴에서 [시작 화면에서 제거]를 클릭해요.

01 [Windows 보조프로그램]의 'Internet Explorer'를 [시작 화면]에 그림과 같은 모양이 되도
록 고정시켜 보세요.

02 [바탕 화면]의 '휴지통'을 [시작 화면]에 고정시켜 보세요.

35

07강 작업 표시줄 활용하기

● 작업 표시줄의 위치와 크기를 조절하는 방법을 알아보아요.
● 열려있는 창을 정렬하는 방법을 알아보아요.

 ## 01 작업 표시줄의 잠금 해제

작업 표시줄의 위치나 크기가 바뀌지 않도록 잠그거나 원하는 대로 위치와 크기를 바꿀 수 있게 잠금을 해제할 수 있어요.

❶ 작업 표시줄의 빈 공간에서 마우스 오른쪽 버튼을 클릭하여 표시되는 메뉴에서 [작업 표시줄 잠금]을 클릭해요.

❷ 체크(✓)표시는 잠금이 설정되어 있다는 것을 뜻해요. [작업 표시줄 잠금]을 클릭해 체크 표시를 없애면 잠금이 해제돼요.

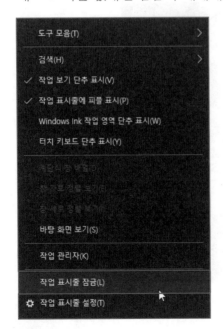

도구 모음(T)　　　　　　　　　　＞

검색(H)　　　　　　　　　　　　＞

✓ 작업 보기 단추 표시(V)

✓ 작업 표시줄에 피플 표시(P)

Windows Ink 작업 영역 단추 표시(W)

터치 키보드 단추 표시(Y)

계단식 창 배열(D)

창 가로 정렬 보기(E)

창 세로 정렬 보기(I)

바탕 화면 보기(S)

작업 관리자(K)

작업 표시줄 잠금(L)

⚙ 작업 표시줄 설정(T)

작업 표시줄의 위치와 크기 바꾸기

작업 표시줄을 바탕 화면의 왼쪽, 오른쪽, 위, 아래로 이동시키거나 크기를 바꿀 수 있어요.

1 작업 표시줄의 잠금이 해제된 상태에서 마우스로 바탕 화면 오른쪽으로 드래그해요. 작업 표시줄이 바탕 화면의 오른쪽으로 이동하는 것을 확인할 수 있어요.

2 다시 작업 표시줄을 바탕 화면 아래쪽으로 드래그하여 원래 위치로 이동해요.

3 작업 표시줄과 바탕 화면 사이의 경계선을 위로 드래그하면 작업 표시줄의 크기를 바꿀 수 있어요.

4 다시 작업 표시줄을 아래로 드래그하여 원래 크기로 만들어요.

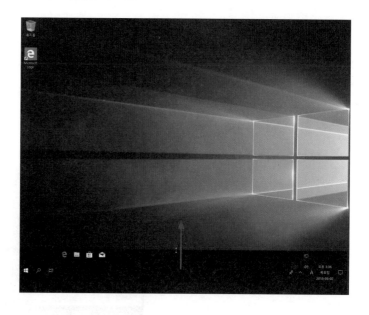

03 열려있는 창 정렬하기

바탕 화면에 여러 개의 창이 열렸을 때 보기 쉽게 정렬하는 방법을 알아보아요.

❶ 바탕 화면에 '메모장', '그림판', '워드패드'를 실행해서 창을 열어요.

❷ 작업 표시줄 위에서 마우스 오른쪽 버튼을 클릭하여 표시되는 메뉴에서 [계단식 창 배열]을 선택해요.

❸ 그림과 같이 열려있는 창이 정렬된 것을 확인할 수 있어요.

❹ 여러 창을 비교하면서 작업하기 위해 작업 표시줄 위에서 마우스 오른쪽 버튼을 클릭하여 표시되는 메뉴에서 [창 세로 정렬 보기]를 선택해요.

❺ 그림과 같이 열려있는 창이 세로로 정렬된 것을 확인할 수 있어요.

❻ 열려있는 모든 창을 감추기 위해 작업 표시줄 위에서 마우스 오른쪽 버튼을 클릭하여 표시되는 메뉴에서 [바탕 화면 보기]를 선택해요.

❼ 열려있는 모든 창이 작업 표시줄에 아이콘으로 감춰진 것을 확인할 수 있어요.

❽ 작업 표시줄의 아이콘에 마우스를 가져가면 감춰진 창을 열지 않아도 미리 작은 그림으로 창의 내용을 표시해요.

❾ 감춰진 모든 창을 다시 원래대로 표시하려면 작업 표시줄 위에서 마우스 오른쪽 버튼을 클릭하여 표시되는 메뉴에서 [열린 창 보기]를 클릭해요.

01 그림과 같이 작업 표시줄의 위치와 크기를 바꾸고 [시작] 단추를 클릭해 어떻게 표시되는
지 확인해 보세요.

02 '그림판', '워드패드', 'Internet Explorer'를 실행하고 [창 가로 정렬 보기]로 정렬해 보세요.

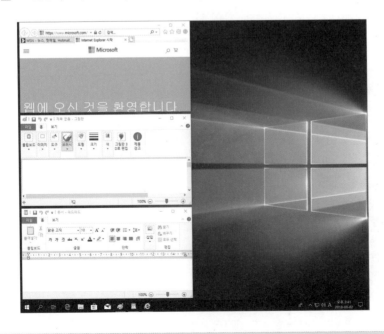

08강 테마 설정하기

- 윈도우의 테마를 설정하는 방법을 알아보아요.
- 바탕 화면의 아이콘을 표시하는 방법을 알아보아요.

01 테마 설정하기

테마란 주제에 맞게 배경과 색, 소리 등을 미리 설정해 놓은 것이에요. 테마를 설정하는 방법을 알아보아요.

① 테마를 변경하기 위해 바탕 화면에서 마우스 오른쪽 버튼을 클릭하여 표시되는 메뉴에서 [개인 설정(🖼)]을 클릭해요.

② [설정] 대화 상자가 표시되면 왼쪽 [개인 설정]에서 [테마]를 선택해요. 현재 설정되어 있는 테마를 표시해요.

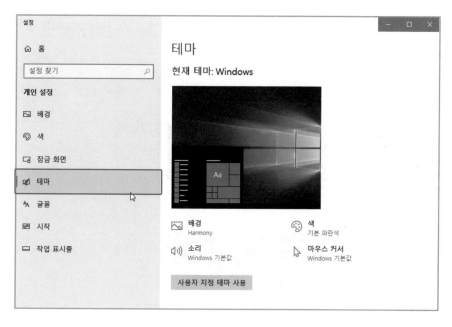

❸ 다른 테마로 변경하기 위해 [테마 적용]에서 'Windows 10'을 선택해요.

❹ 바탕 화면의 배경과 시작 메뉴의 색이 테마에 맞게 변경된 것을 확인할 수 있어요.

❺ 더 많은 테마를 적용하려면 [Windows에서 더 많은 퍼스낼리티 얻기]에서 [더 많은 테마 보기]를 클릭해요.

❻ [Microsoft Store]가 실행되고 다양한 윈도우의 테마가 표시돼요. [Microsoft 계정]을 추가해야 테마를 다운로드 받을 수 있어요.

02 바탕 화면 아이콘 표시하기

'컴퓨터'나 '휴지통' 같이 자주 사용하는 아이콘을 바탕 화면에 표시하는 방법을 알아보아요.

❶ [설정] 대화 상자의 [개인 설정]-[테마]에서 [관련 설정]의 [바탕 화면 아이콘 설정]을 클릭해요.

❷ [바탕 화면 아이콘 설정] 대화 상자가 표시되면 [바탕 화면 아이콘]에서 바탕 화면에 표시하려는 아이콘을 선택하고 [확인] 단추를 클릭해요.

❸ 바탕 화면에 선택한 아이콘이 표시된 것을 확인할 수 있어요.

❹ 아이콘의 모양을 바꾸기 위해 [바탕 화면 아이콘 설정] 대화 상자에 표시된 아이콘 중에서 '내 PC'를 선택하고 [아이콘 변경] 단추를 클릭해요.

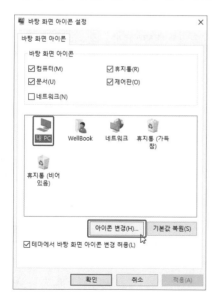

⑤ [아이콘 변경] 대화 상자가 표시되면 [아래 목록에서 아이콘 선택]에서 바꾸려는 아이콘을 선택하고 [확인] 단추를 클릭해요.

⑥ 바탕 화면을 확인하면 '컴퓨터' 아이콘이 선택한 모양의 아이콘으로 변경된 것을 확인할 수 있어요.

⑦ 다른 아이콘도 같은 방법을 이용하여 마음에 드는 모양의 아이콘으로 바꾸어 보세요.

⑧ 아이콘의 모양을 원래대로 변경하려면 [바탕 화면 아이콘 설정] 대화 상자의 [기본값 복원] 단추를 클릭해요.

혼자서도 잘해요!

01 윈도우의 [테마]를 '꽃'으로 설정하고 [색]은 '진자주색'으로 변경해 보세요.

02 바탕 화면에 '컴퓨터', '휴지통', '문서', '제어판' 아이콘을 표시해 보세요.

09강 메모장으로 문서 만들기

이렇게 배워요!

● 메모장으로 글자를 입력하는 방법을 알아보아요.
● 키보드에 없는 특수문자를 입력해 보아요.

01 메모장으로 문서 만들기

메모장은 컴퓨터에 글자를 입력하는 가장 기본적인 앱이에요. 메모장으로 간단한 문서를 만들어 보아요.

❶ [시작(⊞)] 단추-[모든 앱]-[Windows 보조프로그램]에서 [메모장(📝)]을 선택해 실행하고 다음과 같이 글자를 입력해 보세요.

```
📝 제목 없음 - 메모장                           —    □    ×
파일(F)  편집(E)  서식(O)  보기(V)  도움말(H)
속담

가는 말이 고와야 오는 말이 곱다.

고기는 씹어야 맛이요. 말은 해야 맛이라.

세 살 버릇 여든까지 간다.
```

❷ 메모장에 입력한 글자들의 서식을 변경하기 위해 [서식]−[글꼴]을 선택해요.

❸ [글꼴] 대화 상자가 표시되면 [글꼴]은 '궁서', [글꼴 스타일]은 '기울임꼴', [크기]는 '16'을 선택하고 [확인] 단추를 클릭해요.

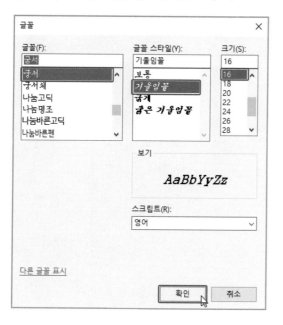

❹ 그림과 같이 메모장에 입력된 글자에 선택한 서식이 적용된 것을 확인할 수 있어요.

❺ 다른 글꼴로 변경하기 위해 [글꼴]은 '맑은 고딕', [글꼴 스타일]은 '보통', [크기]는 '14'를 설정하고 [확인] 단추를 클릭해요.

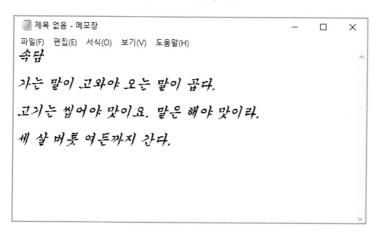

02 키보드에 없는 문자를 입력해요.

키보드에 있는 기호 이외의 다른 기호를 입력하는 방법에 대해 알아보아요.

① 메모장에 입력한 '속담' 글자 오른쪽으로 커서를 이동하고 키보드에서 'ㅁ'을 입력한 후 한자 키를 눌러요.

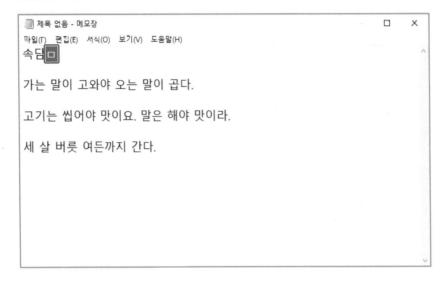

② 글자 아래에 선택한 한글 자음에 해당하는 기호가 표시돼요. 오른쪽에 표시된 스크롤 바를 이동하여 기호의 목록을 확인할 수 있어요.

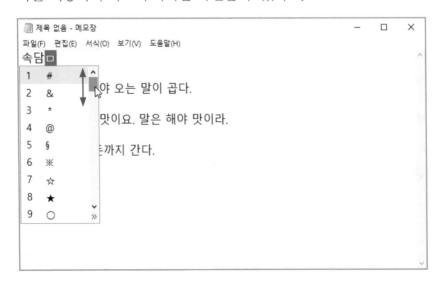

③ 모든 기호를 표시하기 위해 [보기 변경(»)] 단추를 클릭해요. 모든 기호를 한 눈에 볼 수 있어요.

📓 제목 없음 - 메모장								— □ ×
파일(F) 편집(E) 서식(O) 보기(V) 도움말(H)								
속담□								^
1 #	●	▼	▷	◆	▦	‡	♬	®
2 &	◎	→	▶	■	▩	↕	㉾	a
3 *	◇	←	♤	◐	♨	↗	㈜	o
4 @	◆	↑	♠	◑	☎	↙	№	㉲
5 §	□	↓	♡	▒	☏	↖	℃	
6 ※	■	↔	♥	▤	☏	↘	™	
7 ☆	△	=	♧	▥	☞	♭	a.m.	
8 ★	▲	◁	♣	▨	¶	♩	p.m.	
9 ○	▽	◀	⊙	▧	†	♪	TEL	«

④ 원하는 기호를 클릭하면 메모장에 입력한 한글 자음 위치에 기호가 입력돼요.

⑤ 그림과 같이 기호를 입력해서 완성해 보세요. 한글 자음 'ㄱ'~'ㅎ'에서 기호를 찾아 입력할 수 있어요.

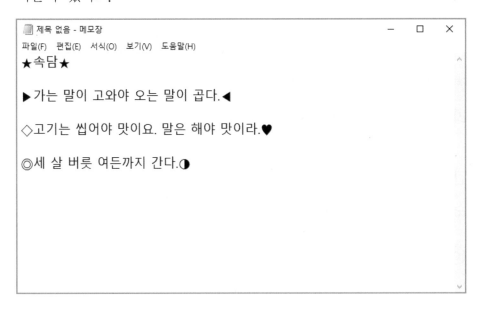

01 메모장을 이용하여 그림과 같은 문서를 만들어 보세요.

> • 글꼴 : 맑은 고딕, 글꼴 스타일 : 기울임꼴, 크기 : 16pt

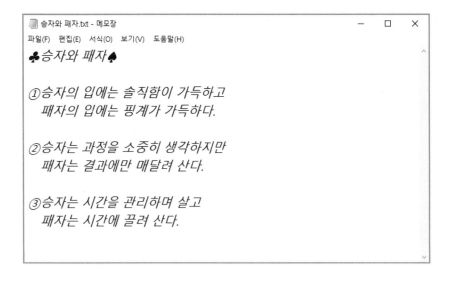

승자와 패자.txt - 메모장

파일(F) 편집(E) 서식(O) 보기(V) 도움말(H)

♣승자와 패자♠

①승자의 입에는 솔직함이 가득하고
  패자의 입에는 핑계가 가득하다.

②승자는 과정을 소중히 생각하지만
  패자는 결과에만 매달려 산다.

③승자는 시간을 관리하며 살고
  패자는 시간에 끌려 산다.

02 메모장을 이용하여 그림과 같은 문서를 만들어 보세요.

> • 글꼴 : 바탕, 글꼴 스타일 : 굵게, 크기 : 24pt

맞춤법.txt - 메모장

파일(F) 편집(E) 서식(O) 보기(V) 도움말(H)

◐틀리기 쉬운 맞춤법◑

ⓐ강남콩 ☞ 강낭콩

  ⓑ딱다구리 ☞ 딱따구리

    ⓒ뒷굼치 ☞ 뒤꿈치

10강 계산기로 계산하기

이렇게 배워요!

● 계산기를 이용하여 숫자를 계산하는 방법을 알아보아요.
● 날짜와 단위를 계산하는 방법을 알아보아요.

01 숫자를 계산해요.

계산기를 이용하면 숫자가 많거나 복잡한 계산도 빠르고 쉽게 할 수 있어요.

① [시작(⊞)] 단추-[모든 앱]에서 [계산기(🖩)]를 찾아 실행해요. [시작 메뉴]의 타일 에서도 실행할 수 있어요.

② 계산기가 실행되면 마우스로 버튼을 클릭해 아래의 문제 를 계산하고 답을 적어 보세요.

문제

10+20+30=(   )   20×5÷4=(   )

175-45÷5=(   )   750÷150×8=(   )

02 날짜를 계산해요.

계산기로 숫자 이외에도 날짜를 계산할 수 있어요.

① 계산기의 왼쪽의 메뉴 단추를 클릭하고 [계산기]의 [날짜 계산]을 선택해요.

② 계산기가 [날찌 계산]으로 변경되면 내가 태어난 지 얼마나 지났는지 계산하기 위해 [부터]의 날짜를 클릭해요. 달력이 표시되면 친구들이 태어난 날을 선택하고, [까지]에는 오늘 날짜를 선택해요.

③ 그림과 같이 [차이]에 얼마나 지났는지 년, 월, 주, 일로 계산하여 표시하고 며칠이 지났는지도 알려 줘요.

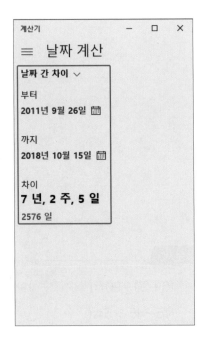

다양하게 계산해요.

쉽게 계산하기 어려운 단위들도 계산기를 이용하여 다른 단위로 바꿀 수 있어요.

1 통화 환율을 계산하기 위해 메뉴 단추를 클릭하고 [변환기]의 [통화 환율]을 선택해요.

2 계산기가 [통화 환율]로 변경되면 윗부분은 '미국 – 달러', 아랫부분은 '한국 – 원'으로 변경해요. '미국 – 달러' 부분을 클릭한 후 숫자를 입력해 10달러가 몇 원인지 계산해 보세요.

계산기		– □ ×
≡ 통화 환율		
$ 0		
미국 - 달러 ∨		
€ 0		
유럽 - 유로 ∨		
1 EUR = 1.1616 USD		
업데이트 일자: 8 2, 2018 오후 8:40		
환율 업데이트		
	CE	⌫
7	8	9
4	5	6
1	2	3
	0	.

계산기		– □ ×
≡ 통화 환율		
$ 10		
미국 - 달러 ∨		
₩ 11,287.		
한국 - 원 ∨		
1 USD = 1,128.6750 KRW		
업데이트 일자: 8 2, 2018 오후 8:40		
환율 업데이트		
	CE	⌫
7	8	9
4	5	6
1	2	3
	0	.

3 길이를 계산하기 위해 메뉴 단추를 클릭하고 [변환기]의 [길이]를 선택해요.

4 계산기가 [길이]로 변경되면 윗부분은 '센티미터', 아랫부분은 '미터'로 변경해요. '센티미터' 부분을 클릭한 후 숫자를 입력해 500센티미터가 몇 미터인지 계산해 보세요.

계산기		– □ ×
≡ 길이		
0		
미터 ∨		
0		
센티미터 ∨		
	CE	⌫
7	8	9
4	5	6
1	2	3
	0	.

계산기		– □ ×
≡ 길이		
500		
센티미터 ∨		
5		
미터 ∨		
대략 같음		
5.47 yd 16.4 ft ✈ 0.07 점보제트		
	CE	⌫
7	8	9
4	5	6
1	2	3
	0	.

⑤ 시간을 계산하기 위해 메뉴 단추를 클릭하고 [변환기]의 [시간]을 선택해요.

⑥ 계산기가 [시간]으로 변경되면 윗부분은 '주', 아랫부분은 '일'로 변경해요. '주' 부분을 클릭한 후 숫자를 입력해 3주가 며칠인지 계산해 보세요.

⑦ 컴퓨터에서 사용되는 데이터 단위를 계산하기 위해 메뉴 단추를 클릭하고 [변환기]의 [데이터]를 선택해요.

⑧ 계산기가 [데이터]로 변경되면 윗부분은 '기가바이트', 아랫부분은 '메가바이트'로 변경해요. '기가바이트' 부분을 클릭한 후 숫자를 입력해 16기가바이트가 몇 메가바이트인지 계산해 보세요.

01 계산기를 이용하여 다음의 날짜 간의 차이를 계산하고 결과를 적어 보세요.

문제

1 2010년 1월 1일부터 2018년 12월 31일까지 : (   )일 차이

2 2018년 10월 1일부터 2022년 12월 31일까지 : (   )일 차이

3 2012년 5월 11일부터 2019년 5월 11일까지 : (   )년 (   )월 (   )주 (   )일 차이

4 1945년 8월 15일부터 2025년 8월 15일까지 : (   )년 (   )월 (   )주 (   )일 차이

02 아래의 문제를 계산기를 이용하여 계산하고 값을 적어 보세요.

문제

1 [통화 환율] 3 중국 – 위안 = (   ) 한국 – 원

2 [부피] 2 파인트(미국) = (   ) 리터

3 [온도] 28 섭씨 = (   ) 화씨

4 [무게 및 질량] 2.5 톤 = (   ) 그램

11강 그림판으로 그림 그리기

이렇게 배워요!

● 그림판의 기능에 대해 알아보아요.
● 그림을 저장하는 방법에 대해 알아보아요.

 그림판 살펴보기

그림판은 스케치북과 같이 그림을 그리고 예쁜 색으로 꾸밀 수 있어요. 그림판을 구성하는 요소에 대해 알아보아요.

❶ 그림판을 실행하기 위해 [시작(⊞)] 단추-[모든 앱]-[Windows 보조프로그램]에서 [그림판(🎨)]을 선택해요.

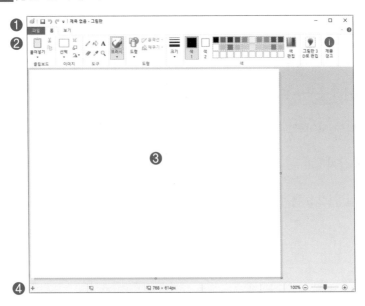

❶ **[파일] 탭** : 그림을 열거나, 저장하고 인쇄하는 등의 작업을 할 수 있어요.

❷ **리본 메뉴** : 그림을 그리거나 색을 칠할 수 있는 메뉴들이 있어요.

❸ **그리기 영역** : 스케치북처럼 실제로 그림을 그리는 공간이에요.

❹ **상태 표시줄** : 마우스의 위치를 알 수 있고, 확대/축소를 할 수 있어요.

02 그림판의 리본 메뉴 살펴보기

그림판의 도구를 이용하여 자유형 선을 그리거나 색을 채울 수 있고, 여러 가지 도형을 이용하여 그림을 그릴 수 있어요.

❶ **[클립보드] 그룹** : 그림의 일부분을 잘라내거나 복사할 수 있어요.

❷ **[이미지] 그룹** : 선택한 부분을 자르거나, 크기를 조정하고 회전시킬 수 있어요.

❸ **연필** : 선택한 굵기로 자유형 선을 그릴 수 있어요.

❹ **색 채우기** : 원하는 영역에 예쁜 색을 채울 수 있어요.

❺ **텍스트** : 그림에 글자를 넣을 수 있어요.

❻ **지우개** : 그림을 지울 수 있어요. 지운 부분은 배경색으로 바뀌어요.

❼ **색 선택** : 그림에서 원하는 색을 골라낼 수 있어요.

❽ **돋보기** : 그림을 확대하거나 축소할 수 있어요.

❾ **[도형] 그룹** : 미리 만들어진 도형 이미지를 가져올 수 있어요. 직사각형, 타원, 삼각형 같은 도형이나 하트, 번개 같은 재미있는 도형을 쉽게 만들 수 있어요.

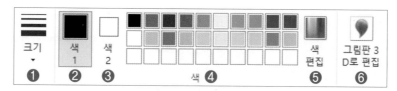

❶ **크기** : 선의 굵기를 변경할 수 있어요.

❷ **색 1** : 색을 칠하거나 채워 넣을 때 적용되는 색으로 마우스 왼쪽 버튼을 이용해요.

❸ **색 2** : 지우개로 지웠을 때 빈 곳을 채우는 색으로 마우스 오른쪽 버튼을 이용해요.

❹ **색** : 그림에 칠할 색을 선택할 수 있어요.

❺ **색 편집** : 색 목록에 없는 색을 선택할 수 있어요.

❻ **그림판 3D로 편집** : 그림판에서 그린 그림을 그림판 3D 앱에서 편집할 수 있어요.

그림판에서 그리고 색칠하기

화살표, 오각형, 별 등의 도형을 그리고 색 채우기 도구를 이용하여 도형에 색을 채워요.

① 도형 그리기를 이용하여 그림과 같이 여러 가지 도형을 그려 보아요.

② [이미지] 그룹–[선택]을 선택하고 마우스를 드래그하여 도형을 선택한 후 원하는 위치로 이동해요.

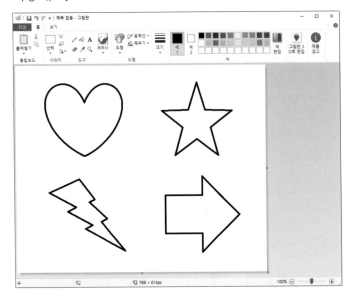

③ 색 채우기 도구를 이용하여 색상 팔레트에서 원하는 색을 선택한 후 도형 안 쪽을 클릭해 그림과 같이 색을 채워 넣어요.

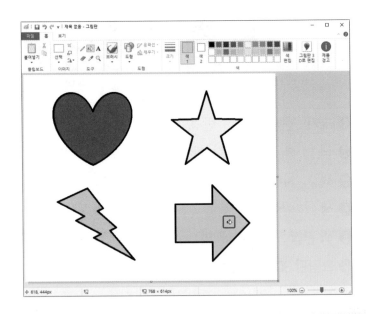

04 그림 저장하기

완성된 그림은 컴퓨터에 저장할 수 있어요. 그림을 저장하는 방법에 대해 알아보아요.

❶ 그림을 저장하기 위해 [파일] 탭-[다른 이름으로 저장]-[JPEG 그림]을 선택해요.

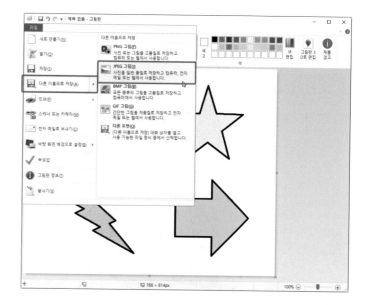

❷ [다른 이름으로 저장] 대화 상자가 표시되면 저장할 폴더를 [바탕 화면]으로 선택한 후 [파일 이름]에는 '도형그리기'를 입력하고 [저장] 단추를 클릭해요.

❸ 바탕 화면에 그림 파일이 잘 저장되었는지 확인하고 더블 클릭하여 사진 앱에서 열리는지 확인해 보세요.

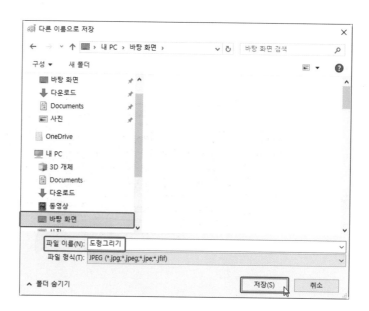

01 그림판에 '곰인형.gif' 파일을 불러와 그림과 같이 색을 채워 완성해 보세요.

📁 [예제파일] 곰인형.gif

02 그림판에 '옥수수.gif' 파일을 불러와 색을 채워 재미있는 글자를 만들어 보세요.

📁 [예제파일] 옥수수.gif

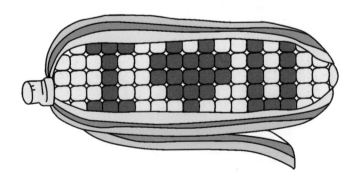

12강 지도로 길 찾기

이렇게 배워요!

● 지도 앱으로 길을 찾는 방법을 알아보아요.
● 지도를 활용하는 다양한 방법을 알아보아요.

01 지도로 길 찾기

지도 앱을 이용하면 원하는 장소의 지도를 쉽게 찾을 수 있어요. 지도로 길을 찾아보아요.

❶ 지도 앱을 실행하기 위해 [시작(⊞)] 단추−[모든 앱]에서 [지도(👤)]를 선택해요. 지
도 앱이 실행되면 [검색]에 '광화문'을 입력해요. 검색 결과가 목록을 표시되면 찾으려
는 곳을 클릭해요.

❷ 그림과 같이 왼쪽에 검색 결과를 보여주고, 지도가 선택한 장소로 바뀐 것을 확인할
수 있어요.

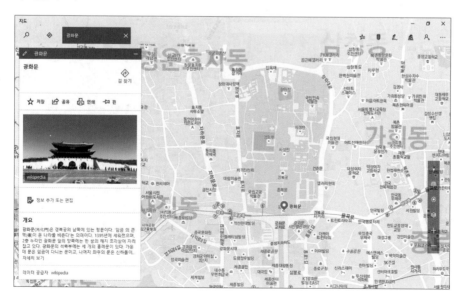

❸ 검색 결과를 닫고, 마우스로 지도를 드래그해 보세요. 화면이 이동하는 것을 확인할 수 있어요.

❹ 화면 크기를 바꾸기 위해 화면 오른쪽의 도구 상자에서 [확대]와 [축소] 단추를 클릭해요. 그림과 같이 표시되도록 화면을 이동하고 크기를 확대해요.

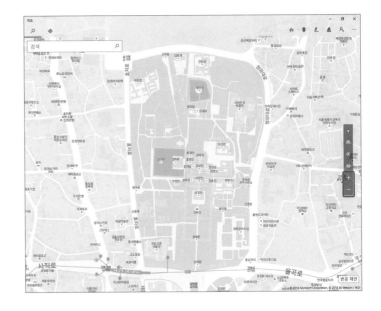

❺ 위성사진으로 보기 위해 도구 상자에서 [지도 보기]를 클릭해요. 표시되는 대화 상자에서 '위성'을 클릭하면 하늘에서 내려 보는 것과 같이 지도를 표시해요.

❻ 다시 원래 지도로 돌아가려면 도구 상자의 [지도 보기]에서 '도로'를 선택해요.

⑦ 원하는 장소로 가려면 어떻게 해야 하는지 찾기 위해 지도 앱 상단 왼쪽의 [길 찾기]를 클릭해요.

⑧ 대화 상자가 표시되면 출발할 장소에는 '광화문', 도착할 장소에는 '종묘'를 입력하고 [길 찾기 시작]을 클릭해요.

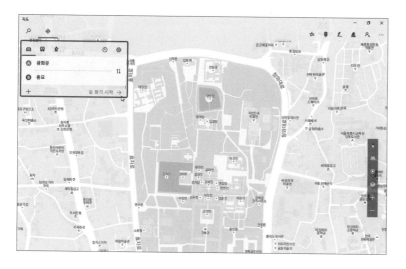

⑨ 그림과 같이 지도 위에 이동하는 경로를 표시해요. 화면에 왼쪽에는 운전이나 대중교통, 도보로 이동하는 경로를 보여줘요.

⑩ '도보'를 선택하고 어떤 길로 이동해야 하는지 확인해 보세요.

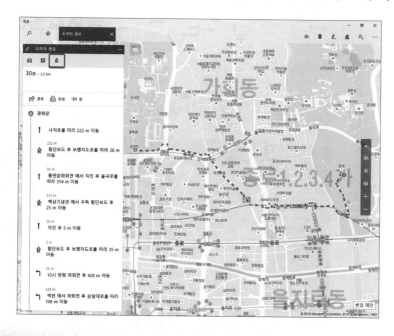

02 3D 도시 여행하기

3D 도시는 유명한 도시들을 입체로 만들어 놓은 것을 말해요. 지도 앱으로 3D 도시를 여행해요.

① 지도 앱 상단 오른쪽의 [3D 도시]를 클릭해요. 화면 왼쪽에서 여행할 수 있는 3D 도시의 목록이 표시돼요.

② 3D 도시 목록 위에서 마우스 휠 버튼을 움직이면 여러 도시들을 찾을 수 있어요. '나이아가라폴스, NY'를 찾은 후 마우스로 클릭해요.

③ 선택한 도시가 화면에 3D로 표시된 것을 확인할 수 있어요. 마우스로 드래그하거나 확대/축소하면 원하는 장소를 더 자세히 볼 수 있어요.

④ 화면의 보기 모양을 바꾸기 위해 도구 상자에서 [아래로 기울이기]를 클릭해요. 키보드의 방향키를 눌러도 화면을 이동할 수 있어요. 방향키를 눌러 3D 도시를 여행해 보세요.

01 길찾기를 이용하여 '여의도역'에서 '국회의사당'까지의 길을 표시해 보세요.

02 3D 도시에서 '샘페인, IL'을 검색하고, 경기장 가운데에 어떤 알파벳이 쓰여 있는지 찾아보세요.

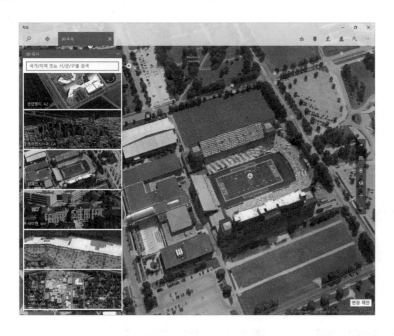

13강 처음 만나는 엣지 브라우저

이렇게 배워요!

● 인터넷을 탐색하는 브라우저에 대해 알아보아요.
● 엣지 브라우저의 사용 방법을 알아보아요.

01 엣지 브라우저 만나기

인터넷에서 정보를 찾으려면 웹브라우저라는 앱이 필요해요. 윈도우의 기본 앱인 엣지 브라우저에 대해 알아보아요.

❶ 작업 표시줄 또는 시작 메뉴에서 '엣지(Microsoft Edge)'를 클릭해서 브라우저를 실행해요.

❷ 엣지 브라우저가 실행되면 그림과 같이 시작 화면이 표시돼요.

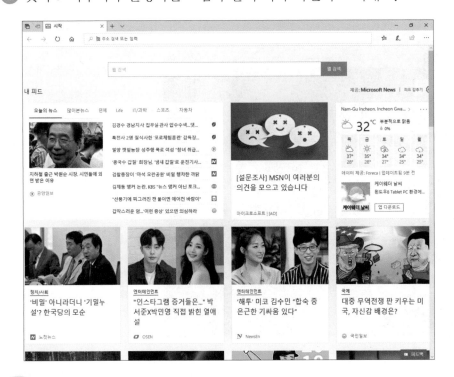

③ 내가 원하는 홈페이지로 이동하기 위해 주소 입력줄에 'www.naver.com'을 입력하고 Enter 를 눌러요.

④ 올바르게 주소를 입력했다면 그림과 같이 네이버 홈페이지가 표시돼요.

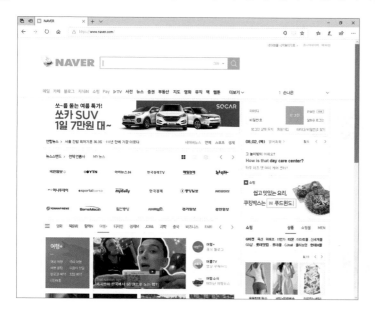

⑤ 이전 홈페이지로 다시 돌아가기 위해 [뒤로] 단추를 클릭해요.

⑥ 엣지 브라우저를 처음 시작했을 때 표시되었던 웹페이지가 표시된 것을 확인할 수 있어요.

❼ 다시 네이버 홈페이지로 돌아가기 위해 [앞으로] 단추를 클릭해요.

❽ 홈페이지 주소를 다시 입력하지 않아도 이전에 방문했던 네이버 홈페이지로 이동할
수 있어요.

❾ 다른 홈페이지로 이동하기 위해 주소 표시줄에 'www.daum.net'을 입력하고 Enter 를
눌러요.

❿ 다음(Daum) 홈페이지가 표시되면 [뒤로], [앞으로] 단추를 클릭해서 홈페이지를 이
동해 보세요.

02 홈페이지 찾아가기

내가 원하는 홈페이지는 어떻게 찾아갈 수 있을까요? 주소를 입력하지 않고 검색으로 찾는 방법을 알아보아요.

① 엣지 브라우저를 실행하고 네이버(www.naver.com) 홈페이지를 방문해요.

② 검색어 입력에 '숭례문'을 입력하고 [검색] 단추를 클릭해요.

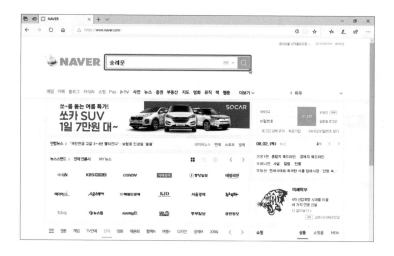

③ 그림과 같이 '숭례문'을 검색한 결과를 보여줘요. 페이지를 살펴보면 숭례문에 대한 정보와 찾아가는 길, 이미지, 웹페이지, 사전 등의 다양한 정보를 알 수 있어요.

④ 다시 네이버 홈페이지 첫 화면으로 이동하고 원하는 단어를 입력해서 정보를 검색해 보세요.

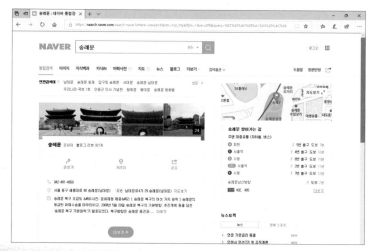

01 엣지 브라우저에 다음의 홈페이지 주소를 직접 입력하여 찾아가 보세요.

> • 어린이 · 청소년 문화재청 : kids.cha.go.kr
> • 어린이 기상교실 : www.kma.go.kr/child/main.jsp

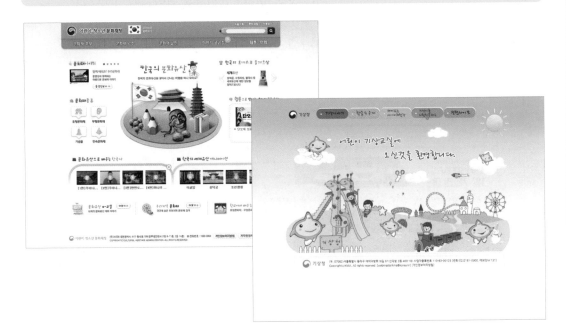

02 네이버를 이용하여 정보를 검색하고 아래의 질문에 답을 적어 보세요.

● 세계에서 가장 높은 건물이 있는 나라와 건물의 이름은 무엇인가요?

● 우리나라의 국보 1호는 숭례문입니다. 그렇다면 보물 1호는 무엇인가요?

● 세종대왕은 조선시대 몇 번째 왕인가요? 또한 중요한 업적을 적어보세요.

14강 테마와 시작 페이지 설정하기

- 엣지 브라우저의 테마를 설정하는 방법을 알아보아요.
- 시작 페이지를 설정하는 방법을 알아보아요.

 ## 01 테마 설정하기

엣지 브라우저의 웹페이지를 제외한 나머지 부분에 색상을 변경하는 테마 설정을 알아보아요.

① 엣지 브라우저를 실행하고 테마를 설정하기 위해 [설정 등]을 클릭해요. 메뉴가 표시되면 [설정]을 클릭해요.

❷ 화면 오른쪽에 표시된 [설정] 대화 상자의 [테마 선택]에서 목록을 클릭하고 '어둡게'를 선택해요.

❸ 웹페이지 화면을 제외한 나머지 부분에 테마가 설정된 것을 확인할 수 있어요.

❹ 다시 이전의 테마로 돌아가기 위해 [테마 선택]에서 목록을 클릭하고 '밝게'를 선택해요.

❺ 테마가 변경되면 [설정] 대화 상자 이외의 부분을 클릭하여 대화 상자를 닫아요.

02 시작 페이지 설정하기

엣지 브라우저를 실행했을 때 처음 표시되는 홈페이지를 내가 원하는 홈페이지로 설정하는 방법을 알아보아요.

① 엣지 브라우저를 실행하고 홈페이지를 설정하기 위해 [설정 등]을 클릭해요. 메뉴가 표시되면 [설정]을 클릭해요.

② 화면 오른쪽에 표시된 [설정] 대화 상자에서 [다음 프로그램으로 Microsoft Edge 열기]의 목록을 클릭하고 '특정 페이지'를 선택해요.

③ 목록 아래에 'URL 입력'이 표시되면 빈 칸에 'www.naver.com'을 입력하고 [저장] 단추를 클릭해요.

④ 그림과 같이 입력한 네이버 홈페이지 주소가 등록되면 엣지 브라우저를 종료한 후 다시 실행해요.

⑤ 시작 페이지로 설정한 네이버 홈페이지가 표시되는 것을 확인할 수 있어요.

⑥ [설정] 대화 상자의 [다음 프로그램으로 Microsoft Edge 열기]에서 목록의 '시작 페이지'를 선택하면 원래 시작 페이지로 설정할 수 있어요.

01 시작 페이지를 '다음(www.daum.net)' 홈페이지로 설정해 보세요.

02 다음(www.daum.net)과 네이버(www.naver.com) 홈페이지에서 '광화문'을 검색하고 어떻게 표시되는지 차이를 비교해 보세요.

15강 즐겨찾기로 저장하기

이렇게 배워요!

● 즐겨찾기를 추가하는 방법을 알아보아요.
● 즐겨찾기를 관리하는 방법을 알아보아요.

 01 즐겨찾기 추가하기

자주 찾는 웹사이트를 즐겨찾기로 저장하면 주소를 입력하거나 검색하지 않고 바로 이동할 수 있어요.

1 엣지 브라우저를 실행하고 다음(www.daum.net) 홈페이지를 방문해요.

2 방문한 홈페이지를 즐겨찾기로 저장하기 위해 [주소 표시줄] 오른쪽의 [즐겨찾기 또는 읽기 목록에 추가] 단추를 클릭해요.

❸ 즐겨찾기로 저장할 수 있는 메뉴가 표시되면 이름과 저장 위치를 그대로 둔 상태에서 [추가] 단추를 클릭해요.

❹ 홈페이지가 즐겨찾기로 저장되면 [주소 표시줄] 오른쪽에 노란색 별 모양이 표시돼요.

❺ 저장된 즐겨찾기를 확인하기 위해 [허브(≒)]를 클릭해요.

❻ 표시되는 대화 상자 왼쪽의 [즐겨찾기]를 클릭하면 오른쪽에 저장된 즐겨찾기의 목록을 표시해요.

02 즐겨찾기 관리하기

저장된 즐겨찾기를 관리하는 방법에 대해 알아보아요.

① 이전에 배운 방법을 이용하여 네이버(www.naver.com), 구글(www.google.com) 홈페이지를 방문하고 즐겨찾기로 저장해요.

② [허브(≋)]를 클릭하고 대화 상자 왼쪽의 [즐겨찾기]를 클릭하면 3개의 저장된 즐겨찾기가 표시돼요.

③ 즐겨찾기를 폴더로 묶어 관리하기 위해 [새 폴더 만들기(🗀)] 단추를 클릭해요. 새로운 폴더가 만들어지면 폴더 이름을 '검색 사이트'로 입력해요.

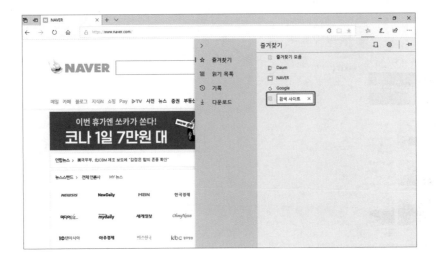

④ 저장된 즐겨찾기를 하나씩 드래그하여 '검색 사이트' 폴더 위로 이동해요. 그림과 같이 폴더 안에 저장한 즐겨찾기가 이동한 것을 확인할 수 있어요.

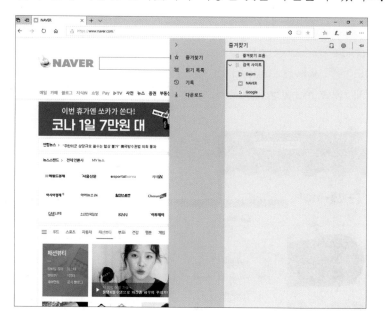

⑤ 즐겨찾기 위에서 마우스 오른쪽 버튼을 눌러 나오는 메뉴에서 즐겨찾기의 이름을 바꾸거나 삭제할 수 있어요.

⑥ 그림과 같이 즐겨찾기에 영문으로 표시된 이름을 한글로 바꿔 보세요.

01 아래의 홈페이지를 방문하고 즐겨찾기로 저장해 보세요.

- 청와대 어린이 홈페이지 : children.president.go.kr
- 국토지리정보원 어린이 지도여행 : www.ngii.go.kr/child
- 보건복지부 어린이 홈페이지 : www.mohw.go.kr/kids

02 즐겨찾기에 그림과 같이 폴더를 만들고 즐겨찾기를 저장해 보세요.

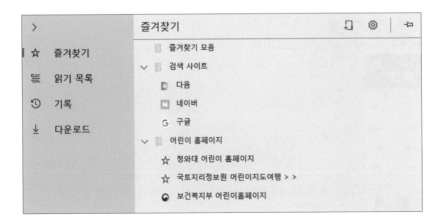

16강 탭 활용하기

- 탭을 이용하여 이동하는 방법을 알아봅니다.
- 탭을 활용하는 방법을 알아봅니다.

01 탭으로 이동하기

여러 홈페이지를 열 때 탭을 이용하면 하나의 창에 여러 홈페이지를 표시할 수 있어요.

① 엣지 브라우저를 실행하여 첫 페이지가 표시되면 새로운 탭을 만들기 위해 [새 탭(+)] 단추를 클릭해요.

❷ 새로운 탭이 하나 더 만들어지고 첫 페이지가 표시되는 것을 확인할 수 있어요.

❸ 새로운 탭의 주소 표시줄에 네이버(www.naver.com) 홈페이지 주소를 입력시켜 이동해요.

❹ 탭을 이용하여 홈페이지를 이동하기 위해 이동하려는 탭을 클릭해요.

❺ 탭 오른쪽에 있는 [탭 닫기] 단추를 클릭하면 열려있는 탭을 닫을 수 있어요.

❻ 탭을 복사하기 위해 탭 위에서 마우스 오른쪽 버튼을 클릭하여 표시되는 메뉴에서 [복제]를 클릭해요.

❼ 그림과 같이 새로운 탭이 만들어지고 복사한 탭의 홈페이지가 그대로 표시되는 것을 확인할 수 있어요.

❽ 새로운 탭의 주소 표시줄에 다음(www.daum.net) 홈페이지 주소를 입력시켜 이동해요.

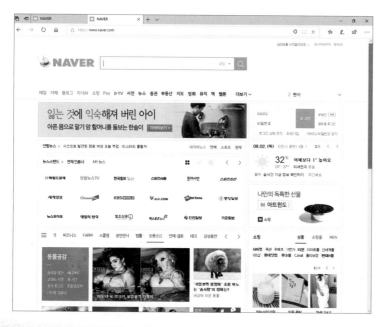

⑨ 탭을 작은 그림으로 표시하기 위해 [탭 미리 보기 표시(∨)] 단추를 클릭해요.

⑩ 그림과 같이 화면 상단에 탭이 작은 그림으로 표시되면 이동하려는 탭을 클릭하여 이동할 수 있어요.

⑪ 탭의 위치를 바꾸기 위해 탭을 마우스로 드래그하여 가장 왼쪽으로 이동시켜요.

⑫ 탭을 탭 이외의 공간으로 드래그하면 창을 따로 분리할 수 있어요.

혼자서도 잘해요!

01 탭을 이용하여 홈페이지를 방문하고 그림과 같이 표시해 보세요.

- 청와대 어린이 홈페이지 : children.president.go.kr
- 교육부 어린이 홈페이지 : kids.moe.go.kr
- 어린이 · 청소년 문화재청 : kids.cha.go.kr

02 네이버(www.naver.com) 홈페이지를 방문하고 그림과 같이 탭을 복제해 보세요.

솜씨 뽐내기

[연습파일] 수상해.txt

 메모장으로 꾸미기

메모장에서 미리 저장되어 있는 파일을 불러온 후 그림과 같은 모양이 되도록 만들어
보세요.

★우리 아빠(Daddy)는 수상해!★

◑아빠(Daddy)는 못하는 것이 없어요.
맛있는 요리(Cooking)도 뚝딱뚝딱! ♣
▶집안 정리(Cleaning)도 쓱쓱!
우리들이 모르는 공부(Study)도 알려주세요!◇
♬운전(Driving)을 생각보다 잘하시는 것 같아요.
우리 아빠는 아무래도 슈퍼맨(Superman)인가봐요!♥

 조건
- 글꼴 : 글꼴(맑은 고딕), 글꼴 스타일(굵은 기울임꼴), 크기(20pt)
- 그림과 같이 영문으로 입력된 부분은 키보드로 직접 입력하세요.
- 기호가 입력된 부분에 해당하는 기호를 찾아 입력하세요.

HINT 서식 바꾸기
- 메모장의 글꼴 서식은 [서식]-[글꼴]에서 변경해요. 조건에 맞게 글꼴 서식을 변경하세요.

영어 입력하기
- 키보드의 한/영 키를 누르면 한글과 영어를 번갈아 가며 쓸 수 있어요. 인터넷에서 단어의
  뜻을 찾아보고 입력해도 좋아요.

기호 입력하기
- 기호를 입력하려면 한글 자음(ㄱ~ㅎ)을 입력하고 한자 키를 눌러 표시되는 기호 목록
  에서 선택할 수 있어요.
- 키보드 숫자 키 위에도 자주 사용하는 기호들이 있어요. Shift 를 누르고 입력할 수 있어요.

 그림판으로 꾸미기

[연습파일] 엄마얼굴.gif

그림판에 미리 저장된 그림을 불러와 선을 그리고 색을 채워 그림과 같이 완성해 보세요.

HINT

얼굴 표정 바꾸기

• 화난 엄마의 얼굴을 웃는 얼굴로 만들기 위해 이마의 주름과 입 모양을 바꿔야 해요. 지우개를 이용하여 지운 후 선을 이용하여 다시 그려요.

• 잘 못 그렸을 때는 [실행 취소] 단추를 누르거나 단축키 [Ctrl]+[Z]를 눌러 다시 이전 작업으로 돌아갈 수 있어요.

색을 채워 완성하기

• 여러 색을 칠한다고 모두 다 좋은 그림이 될 수 없어요. 반복되는 모양과 무늬에는 같은 색을 사용하는 것이 좋아요.

• 선이 연결되어 있는 부분에 색을 제대로 채울 수 있어요. 선이 연결되지 않고 구멍이 있다면 색이 다른 곳까지 채워져요.

• 선에 색을 채우지 않도록 주의해야 해요. 작은 부분에 색을 채울 때에는 그림을 확대하는 것도 좋아요.

솜씨 뽐내기

 ## 계산기로 값을 찾아요.

계산기를 이용하면 어려운 계산도 쉽게 할 수 있어요. 다음의 문제를 계산기를 이용해 답을 구해 보세요.

문제 1 _ 숫자 계산하기

친구들과 놀이 공원을 갔어요. 놀이기구를 타려면 5,000원, 동물원에 가려면 2,000원이 필요해요. 놀이기구를 타고 싶은 친구가 6명, 동물원에 가고 싶은 친구가 8명이라면 모두 얼마가 필요할까요?

문제 2 _ 모두의 키 계산하기

영수의 키는 51인치예요. 혜진이의 키는 1,250밀리미터예요. 연우의 키는 1.46미터예요. 그렇다면 모든 친구들의 키를 더하면 몇 센티미터가 될까요?

문제 3 _ 친구들이 가진 돈 계산하기

여행에서 만난 친구들의 돈을 계산하려고 해요. 스위스에서 온 친구는 2프랑을 가지고 있어요. 중국에서 온 친구는 15위안을 가지고 있어요. 러시아에서 온 친구는 120루블을 가지고 있어요. 모두가 가지고 있는 돈을 더하면 한국 돈으로 몇 원이나 될까요?

문제 4 _ 검색해서 계산하기

우리나라에서는 2번의 올림픽이 열렸어요. 서울올림픽과 평창올림픽이 개막한 날을 인터넷에서 검색하고 날짜 간 차이를 계산해 보세요.

HINT

숫자 계산하기
- 수식으로 먼저 만들고 계산하면 편리해요. 놀이기구 이용비용(5,000원)×친구 수(6명)+동물원 이용비용(2,000원)×친구 수(8명)으로 계산해요.

단위 계산하기
- 키를 나타내는 단위는 길이를 사용해요. 각 길이 단위를 하나씩 센티미터로 바꿔본 후 모든 친구의 키를 더해서 계산해요.
- 각 나라의 화폐는 서로 가치가 달라요. 각 친구들이 가진 돈을 환율로 계산하여 '한국 - 원'으로 바꿔본 후 모든 친구들의 돈을 더해서 계산해요. 환율은 계속 바뀌기 때문에 계산한 결과가 조금씩 다를 수 있어요.

검색해서 계산하기
- 인터넷에서 서울올림픽과 평창올림픽의 개막일을 검색하고, 계산기의 날짜 계산을 이용하여 두 날짜 간의 차이를 계산해요.

 지도로 길을 찾아요.

지도를 이용하면 처음 가는 길도 쉽게 찾을 수 있어요. 지도를 이용해서 다음의
문제를 맞춰 보세요.

문제 1 ▸ 숫자 계산하기

서울특별시청을 주소로 찾아 지도에 위성으로 표시해 보세요. (주소 : 서울 중구 세종대로20길)

문제 2 ▸ 주변 건물이나 시설 찾기

서울특별시청에서 가장 가까운 지하철역의 이름을 적어보세요.

문제 3 ▸ 거리 측정하기

서울특별시청에서 서울시의회까지 어떻게 가야 하는지 확인하고 거리를 측정해 보세요.

> **HINT** 지도 활용하기
> - 지도는 건물의 이름이나 주소를 이용하여 검색할 수 있어요. 모든 것들이 검색되는 것은 아니므로
>   검색 결과가 표시되지 않으면 주변의 건물이나 다른 주소로 찾아야 해요.
> - 검색한 결과의 주변에 어떤 것들이 있는지 찾아보아요. 지도를 통해 길을 확인할 때 이동할
>   수 있는 큰 길이나 건물들을 기준으로 살펴봐야 해요.
> - 거리를 측정하려면 지도 앱 상단 오른쪽의 [Windows Ink 도구 모음]에서 [거리 측정]을 이용
>   해요. 시작한 위치와 도착한 위치, 이동 경로에 따라 값이 달라질 수 있어요.

 나만의 테마 설정하기

📁 [연습파일] 배경사진.jpg

테마를 이용하면 윈도우 화면을 멋있게 꾸밀 수 있어요. 조건을 잘 보고 테마를 설정
해 보세요.

조건
- 테마 : 'Windows 10'으로 설정하세요.
- 배경 : '배경사진.jpg' 사진을 가져와 적용하고 [맞춤 선택]은 '확대'를 선택하세요.
- 색 : [Windows 색상표]에서 '싱그러운 보라색'을 선택하세요.
- 소리 : 'Windows 기본값'을 선택하고 'Windows Startup 소리 재생'을 설정하세요.
- 마우스 커서 : 'Windows 검정 (시스템 구성표)'으로 선택하세요.

HINT 테마 세부 조건 설정하기
- 다른 사진을 배경으로 사용하려면 [개인 설정]-[배경]-[사용자 사진 선택]에서 컴퓨터에
  저장되어 있는 사진을 직접 선택해서 가져와야 해요.
- [Windows 색상표]에 원하는 색이 없으면 [사용자 지정 색]에서 고를 수 있어요.
  [Windows 색상표]의 각 색 위에 마우스 포인터를 가져가면 색의 이름을 알려줘요.
- 'Windows Startup 소리 재생'은 윈도우가 처음 켜질 때 소리를 재생하게 해요. 컴퓨터를
  다시 재부팅해야 확인할 수 있어요.
- 마우스 커서는 사용자가 원하는 모양을 선택할 수 있어요. 기본 설정 값은 'Windows 기
  본값(시스템 구성표)'이에요.

90

 인터넷 정보검색

인터넷에는 수많은 정보들이 담겨 있어요. 많은 정보 중에서 우리가 필요한 정보를 찾아낼 수 있을까요?

문제 1 ▸ 나는 누구일까요?

조선 후기에 태어난 이 사람은 평민 집안에서 태어났으나 지리학을 연구하여 일생을 정밀한 지도와 지리서를 만드는 일에 바쳤습니다. 이 사람이 만든 지도로는 청구도, 대동여지도 등이 있습니다. 국토의 정보를 체계적으로 정리한 이 사람은 누구일까요?

문제 2 ▸ 어떤 과일일까요?

이 과일은 천국의 맛과 지옥의 냄새를 가지고 있는 과일입니다. 냄새를 맡으면 도저히 먹을 수 없을 것 같지만, 입에 넣으면 부드럽고 달콤한 맛이 납니다. 과일 중의 왕자라는 별명을 가진 이 과일은 무엇일까요?

문제 3 ▸ 어떤 동물일까요?

슈리케이트라고도 불리는 이 동물은 20cm 정도 되는 꼬리를 포함해 몸의 길이는 약 50cm 정도입니다. 털은 매끄럽고 길며 은빛이 도는 갈색이며, 등에는 검은 줄무늬가 있습니다. 낮에는 자주 두 발로 서서 가슴과 배에 햇볕을 쬐는 이 동물은 무엇일까요?

문제 4 ▸ 어느 건물일까요?

이 건물은 세계에서 가장 높은 건물로 아랍에미리트의 두바이에 건설되었으며, 전체 높이는 829.84m입니다. 개장되기 전까지는 '버즈 두바이'로 불렸던 이 건물은 우리나라의 기업이 시공에 참여한 것으로도 유명합니다. 이 건물의 이름은 무엇일까요?

HINT 이렇게 검색해 보세요.
- 원하는 정보를 찾기 위해 네이버, 다음, 구글과 같은 검색 사이트를 이용해야 해요.
- 문제를 잘 읽고 어떤 단어를 입력해야 원하는 정보를 찾을 수 있을지 생각해야 해요.
- 문제를 모두 입력하지 말고 중요한 단어들만 입력해서 정보를 찾아요. 원하는 정보가 잘 검색되지 않는다면 단어를 바꾸거나 연관된 단어를 입력해서 찾아요.

 ## 재미있는 온라인 코딩 교실

친구들이 좋아하는 마인크래프트 캐릭터들과 함께 재미있는 코딩을 배워 보아요.

HINT Code.org에서 코딩 배우기

- 엣지 브라우저를 실행하고 'www.code.org'를 입력해 홈페이지를 방문해요.
- 첫 페이지에 언어를 선택할 수 있는 창이 표시되면 '한국어'를 선택하고 [제출하기] 단추를 클릭해요.
- 홈페이지 상단 메뉴에서 '강의 목록'을 선택해요. 여러 강의 목록이 표시되면 화면 아래에서 '마인크래프트'를 선택해요.
- 'Minecraft Hour of Code 튜토리얼' 페이지가 표시되면 'Minecraft 모험가'의 [시작] 단추를 클릭해요.

'Minecraft 모험가'에서 코딩하기

- 캐릭터를 선택할 수 있는 대화 상자가 표시되면 원하는 캐릭터 아래의 [선택] 단추를 클릭해요.
- 해결해야 할 문제가 주어지면 잘 읽어본 후 [확인] 단추를 클릭해요.
- 문제를 해결하기 위해 필요한 블록을 마우스로 드래그하여 순서대로 연결해요.
- 모든 블록을 올바르게 연결했으면 [실행] 단추를 클릭해요. 블록을 연결한 순서에 맞게 실행해요.
- 얼마나 많은 퍼즐을 해결할 수 있는지 계속 코딩해 보세요.

인터넷 윤리 배우기

눈에 보이지 않는 인터넷 세상에서도 서로 지켜야할 것들이 있어요. 인터넷 윤리에 대해 배워 보아요.

HINT 인터넷 윤리시간

- 주니어 네이버의 [더보기] 메뉴 – [캠페인]에서 [인터넷 윤리시간] 또는 홈페이지 주소 (http://study.jr.naver.com/safe)를 직접 입력하여 방문해요.
- 화면이 제대로 나오지 않고 회색으로 표시되면 'Adobe Flash에 대해 선택'을 클릭하고 콘텐츠 차단을 허용해요.
- 인터넷 윤리시간 페이지가 표시되면 7가지 분야로 나누어진 콘텐츠를 하나씩 살펴보면서 인터넷 윤리에 대해 배워요.

수료증 받기 테스트

- 인터넷 윤리시간 과정을 모두 수료했다면 멋진 수료증을 받을 수 있어요. 인터넷 윤리시간 첫 페이지 아래의 '수료증 발급하기'를 클릭해요.
- 질문에 올바른 답을 선택하면 학습이 완료되고 수료증을 프린트할 수 있어요.